가슴에 묻어두고

이근풍 시집

오늘의문학사

◆ 序詩 ◆

외로운 인생길
시가 있어 행복했다
삶의 고뇌 풀어주고
행복의 길 열어가는
동력이었다

세상에서
가장 가까운 친구
인생 길 길동무로
같은 길 걸어가며
나눈 수많은 대화로
맑아진 영혼

지금도 시가 있어
아름다운 꿈을 꾼다

차례

2부 사랑한다는 말보다

3부 불현듯 누군가가

4부 풀꽃의 꿈

5부 어느 날 문득

6부 고독의 실타래

1부

가슴에 묻어두고

봄비

소리없이 흘리는
하나님의 눈물
대지에 떨어지면
새 생명 키워내는
명약이 된다
아무도 조제할 수 없는
하나님의 눈물
약이라면서
간혹 흘리는
자신의 눈물도
약이 된다는 걸
사람들은 모른다

사랑은

사랑은 불꽃으로
타오르는 것
타고나면 재만
남을 것 같아도
그 속에는 끝까지
다시 타오를
불씨 하나
남아 있는 것

청보리밭 1

봄이면
고향마을 보리밭에선
풋풋한 향기
김매시던 어머니의 한
슬픔이 묻어났었다
어머니가 부르시던
애절한 노래가
바람결에 들려왔었다
이제는
고향엘 가도
어머니가 매시던
보리밭에는
파릇파릇 자라는
보리가 없다

청보리밭 2

날로 푸르러 가는
봄날의 보리밭은
농민들의
희망이었단다
인생길 힘들어도
기다릴 줄 아는 마음
인내심 키웠단다
옛날 보릿고개
타들어가는
어머니 가슴도
보리밭에선
푸르렀단다

코스모스 길

초 가을 축제 여는
코스모스 길에는
꽃잎으로 흔드는
사랑이 있다
꽃피우지 못한
갖가지 사연
애절한 사랑
이야기가 있다

국화

된서리에도
미동도 않고
하늘을 보고
활짝 웃는다
늠늠한 기상으로
천하를 평정
새로운 계절의 왕으로
등극을 한다

더 할수록 좋은 건

클수록 좋은 건
사랑 아닌가
쌓을수록 좋은 건
선善 아닌가
깊을수록 좋은 건
정情 아닌가
넓을수록 좋은 건
마음 아닌가
가꿀수록 좋은 건
아름다움 아닌가
높을수록 좋은 건
이상 아닌가

가슴에 묻어두고

생전에 어머니께서는
아들 딸 뒷바라지
생활의 어려움
가족들의 근심 걱정
덜어주려고
자신이 처한
어려운 현실
가슴에 묻어두고
단 한번도 밖으로
드러내지 않으신 채
혼자 삭이시며
생활하시다
때론 가슴 답답하다
한숨 토해내셨을 때
철없었던 아들
약국으로 달려가
소화제만 사다 드렸던
어리석음 범했었다
어느덧 세월 흘러

어머니 이승 떠나신 지
강산 두 번 변한
아직까지도
어머니 가슴에
묻어두었던
풀어내지 못한 사연
숙제로 남아 있다

가을 들길

마음이 가난한 자여
잠시 생활의 짐 내려놓고
코스모스, 들국화
화사하게 피어난 길
황금물결 출렁이는
가을 들길 걸으며
그대 가슴에
무엇이 피어나고
차오르는가
다시 한번 생각할 시간
가져 보라하네

낙엽

연연한 정
뒤로 하고
이별을 재촉하네
다정했던 눈빛
뜨거웠던 가슴까지
싸늘하게 식어가네

고독은 태워도

살아가며
낙엽으로 쌓인 고독
누구에게
태워 달라
말할 수 없어
혼자 태워도
타는 내음 또 다시
고독으로 돌아오네

나그네 고향길

나그네 고향길
혼자 걸어도
외롭지 않고
고향 가는 길에는
친구가 많네
낯익은 주변 정경
보기만 해도
가슴 설레고
보이는 사물
하나하나가
새로워지네
나그네 고향 길은
뭐가 그리 기쁜지
가슴이 뛰네

가을 나무

오직 사랑 하나로
품에 안아 키운 열매
모두 돌려주고
외로이 서 있는
가을 나무가
새 봄맞이 꿈을 꾸네
겨울의 모진 추위
굳건히 이겨내고
해마다 봄이면
꽃 피우고 열매 키워
가을이면 모두
돌려주는 데도
그 열매 수확해간 사람들
고마움 잊고 사네

병실에서

몸보다
마음이 더 아팠네
삶의 회한 응어리
모두 풀어냈는데도
아물지 않는 상처
남아 있었네
아무리 건강관리
철저히 한다 해도
인간의 힘으론 그 한계
뛰어넘을 수 없다는 것
깨달을 수 있었네

별을 보며

밤 하늘의 보석
빛나는 별을 보며
소근대는 그 이야기
들어보란다
간혹 밤 하늘 별들에게
가슴 속 이야기
전해보란다
날마다 별을 보며
대화 하다보면
자신의 가슴에서도
별이 뜬단다

달을 보면서

억겁의 세월 지난
아직까지도
무엇이 부끄러워
고개 들지 못하는가
그대는 밤마다
외로운 나그네 길
어둠을 밝혀주는
어머니 마음
사랑 미덕 두루 갖춘
속 깊은 여인
무엇이 부끄러워
고개 들지 못 하는가

옮겨 심은 꽃나무

고향 집 꽃나무
옮겨 심으니
꽃나무도 타향살이
고향집 그리운지
몸살 앓으며
성장 멈추네
애써 피운 꽃송이도
생기를 잃고
선명하지 못함 보며
삶의 터전 옮기면
아니 된다는 진리
깨닫게 되네

간이역에서

여행길 나그네
발길 끊긴 간이역에선
들새들의 노래자랑
코스모스 춤사위로
사람들을 부르네
옛 추억 그리운지
노인 한 분 앉아서
주변 정경 응시하며
명상에 잠겼을 때
낭만 추억
꿈을 실은 열차가
간이역을 지나가네

봉사의 삶

— 故 장진호 변호사님을 추모하며

한 평생
어려운 사람 위해
봉사의 삶 살다 가신 그대
아직도
그대의 뜨거웠던 가슴
따뜻했던 손길
기다리는 사람들
그대가
손잡아 주어야 할 사람들
참으로 많은데
그대의 열정
힘차게 뛰던
심장의 고동소리
그리 빨리 멈추리라곤
상상도 못했네요
그대의 도움으로
새로운 희망 찾은
수많은 사람들에게

더 큰 행복 선물하려
열심히 일한 결과
막상 자신의 건강
돌볼 여유 없었을 거라며
도움 받은 사람들
모두가 자신들의 죄라고
흘린 뜨거운 눈물
그대가 생전에
보여주었던 열정
봉사하며 살아왔던 삶
하나하나가
결코 헛되지 않고
빛나는 보석으로
수많은 사람들
가슴에 남아
길이 빛나리니
이제 세속의 온갖 고뇌
모두 잊으시고
편히 쉬시옵소서

봉곡 선생님을 기리며

선생님 그리운 날엔
선생님께서
남기고 가신 예혼藝魂*에 담긴
시와 수필을 읽을 때면
생전에 인자하셨던
선생님 모습
선명하게 떠오르네요
세월 가면 잊혀질까
두려웠는데
해 갈수록 그리움
더해가네요
이승에서의 깊은 인연
이승과 저승 사이
이어가네요

*예혼 : 봉곡 박준명 선생의 유고작품집

제2부

사랑한다는 말보다

어머니의 사랑꽃

하늘과 땅 사이에
가장 아름답고
지고지순한 꽃
세월이 흐를수록
그 색상 더욱 더
선명해지고
사랑 향기 묻어나는
아름다운 꽃
한 번 피어나면
영원히 지지 않는 꽃
어머니의 사랑 꽃

찔레꽃

고향 가는 길가에
소박하게 피어난
하얀 찔레꽃
맑은 향기 묻어나는
여인의 모습
남 모르게 흘리는
한 맺힌 눈물
길게 내뿜는
한숨소리 들리네

백일홍

젊음의 열정
식을 줄 모르고
꺼지지 않는 불꽃으로
가슴을 태우네
한 평생 자신 위해
기도하지 않고
외로운 영혼 위한 기도
멈출 줄을 모르네

안개꽃

이승 떠난
어떤 맑은 영혼
꽃이 되었나
자는 듯
깨어있는 듯
피어있는 꽃
눈속
가슴 속
넣어두고 싶어지네

할미꽃

사랑 한 번 못해보고
늙어버린 자신이
한스럽단다
어쩌다가
허송세월 했는지
알 수 없단다
이제 다시 태어난다면
후회없도록
단 한번만이라도
뜨거운 사랑에
빠져보고 싶단다

불현듯 그대가

꽃피는 봄날
소나기 지나가는 여름 날
낙엽 지는 가을 날
첫눈 내리는 겨울 날
불현듯 그대
그리워진 날이면
주소 없는 곳에서
살고 있는 그대에게
가슴에 쌓인
애절한 사연 담긴 편지
바람편에 전하네

그리움도

그리움도 지나치면
병이 되는가
이승 떠난 친구
그리운 날 밖에 나가면
친구 같은 사람
지나가는 것 같아
뒤따라가다 보면
모르는 사람이네
때로는 그 친구
뒤따라오며
부르는 것 같아
뒤돌아보면
오는 이 없네

신혼부부에게

새로운 인생길 출발하는 신랑신부의 아름다운 사랑 축원해 주듯 감미로운 선율이 흐르고 무지개가 떠 있는 수평선 향해 부부가 함께 노 저어갈 배를 띄웠습니다.

자신들의 꿈 이루기 위해 드넓은 바다 노 저어 가다보면 때로는 거센 풍랑도 파도도 만나게 될 것입니다 그럴 때면 목적지에 다다를 때까지 한 마음 한 뜻으로 밀려오는 어떤 거센 풍랑도 파도도 슬기롭게 헤치고 나가 부부가 함께 가꾸어 가는 사랑의 동산에 항상 사랑과 행복의 향기 가득한 아름다운 사랑 꽃 피워내기 바라는 마음 담은 편지를 전합니다.

편지

그대와 내가
가슴에 묻어 두고
전하지 못했던
정다운 이야기
마주보고 수줍어
고백할 수 없었던
지난 날의 사랑이야기
오랜 세월 쌓아온
고운 정 미운 정
앞으로 인생 길
갖가지 사연
주고 받은 편지 속에
쌓아가는 정이다

사랑한다는 말보다

그대 보고 싶어
눈물나게 보고 싶어
그 한마디가
사랑한다는 말보다
더 큰 감동으로
가슴 가득 차오르던
어느 해 겨울
첫눈 내리던 날 저녁

한잎 낙엽으로

날마다
이별 연습하며 산다
꿈 행복
사랑과의 이별
버리는 연습하다
한잎 낙엽으로
이별을 고한다
모든 사랑했던
것으로부터

목화

어머니 가슴에서
새롭게 피어나는 꽃
어머니의 사랑
정다운 손길 닿으면
사랑 받는 꽃으로
다시 피어나는 꽃이다.

꿈은

세상 살아가는 동식물
한결 같은 꿈을 꾼다
아름다운 꿈을 꾼다
들꽃은 보다 색상 좋고
더 아름다워지고 싶은 꿈
새들은 보다 높이
보다 빨리 날고픈 꿈
동물은 보다 빨리
보다 멀리 달리고픈 꿈
사람은 인간다운 삶
누리고픈 꿈을 꾼다
꿈은 꿀수록 커진다는 것
알고 있는 것처럼

마음의 문

마음의 문 닫은 사람
예상 외로 많네
닫힌 문 노크해도
열리지 않는 문
날로 각박해 가는
사람들 마음을 보네

옹달샘

끝없이 솟아나는
맑은 생수로
길가는 나그네
갈증 풀어주던 샘
지금은 어데를 가도
산천의 오염으로
나그네 목마름
풀어낼 수 있는
옹달샘 보이지 않네

밤하늘의 별로

잎새에 이는 바람에도
괴로워했다는
윤동주 시인
그런 여린 마음으로
일제의 혹독한 고문
어찌 이겨낼 수 있었겠는가
그의 나라 사랑 마음
영롱한 아침 이슬
어둠을 밝히는
밤하늘의 별로
우리들의 가슴에
영원히 빛나리

낚시

공짜 좋아하는
사람들의 심리 이용
가짜 미끼로
낚시하려는 사람들
해 갈수록
늘어만 나네
그 끝 어딘지
보이지 않네

친구의 일주기에

애틋한 그리움이
가슴을 흔드네요
잔잔한 물결로
출렁이네요
수평선 아침 해로
떠올랐다가
노을빛 아름다움으로
산마루를 넘네요
남모르는 가슴앓이
멈추지 않네요

봄날의 새싹으로

그대 향한 그리움
봄날의 새싹으로
새록새록 돋네요
무럭무럭 자라서
꽃피우고 열매맺기
바라는 마음
기도로 하네요
언제까지나
가슴에서 그리움
피어날 수 있도록…

텃밭

고향집 텃밭은
생전 어머니께서
가족을 위해
행복을 가꾸시던
터전이었다
어머니 푸른 꿈이
무럭무럭 자라던 곳
오랜 타향살이
고향 찾아가는 날엔
아직까지 남아있는
고향 텃밭에서
선명하게 떠오르는
채소류 가꾸시던
어머니 모습

제3부

불현듯 누군가가

한송이 꽃이라도

사람들은 모르네
한송이 꽃이라도
어떤 마음으로
보느냐에 따라
아름다움의 차이
나타난다는 것을…
오랜 자기수련을 통해
사물 본연의 아름다움
찾아보려는
마음 하나만으로도
일상의 행복
누릴 수 있다는 것을…

꽃은

오랜 세월 간직해 온
사랑을 키워
아름다운 꽃 피워 낸
꿈을 이루면
분출 해내는 향기로
사람들의 마음
맑게 해 주고
고운 꿈 가슴에 담아
살아갈 수 있는 힘으로
환산할 수 없는
무한한 효용가치
창출해 내네

난 옆에서

고고한 기품
자태 또한 아름답네
은은하게 번지는
맑은 향기로
행복을 선물하네
난이 지닌 고운 자태
끝까지 지켜가며

아내가 가꾼 정원

주택 뒤 정원에는
아내가 손수 가꾼
봄부터 가을까지
아름다움 피워내는
다양한 꽃들
아내의 사랑 손길
정성으로 가꾼 결과
선명해진 꽃의 색상
향기 짙은 꽃들이
즐거움 더해주며
찾아든 벌나비
새들의 노래까지
덤으로 듣게 되네
아내의 노력으로 얻게 된
행복의 터전이네

장미에게

오랜 세월 지켜온
여왕의 자리 내 놓고
떠날 때 되었다 해도
그대 같으면
그 자리 미련없이
버릴 수 있겠냐
반문을 하네
애착 탐착 버리고
떠나라 해도
기회는 다시
오지 않는 거라며
떠날 수 없다 하네

숲의 품에

지나가던 바람도
숲의 품에 안기어
맑은 공기로
호흡 가다듬고
길을 떠나네
자신의 임무 마친
해님 달님 별님도
숲에 내려와
잠시 쉬어가네
생성과 소멸
공존하는 곳 찾아가면
정신 마음 맑아지네

불현듯 누군가가

석양의 노을 빛
창가에 머물 때나
어느 날 갑자기
별님이 찾아와
창을 노크할 때면
불현듯 누군가가
그리워진다
소리 없이 찾아온
반가운 손님으로
첫눈이 만들어 낸
눈부신 설경이나
수평선 넘는
노을 빛 아름다움
보고 있을 땐
불현듯 누군가가
그리워진다

봄 눈

하나님께서
사람들의 마음 상처
감싸준다며
봄 눈 내리시면서
잠시 졸으셨는지
너무 많은 눈 내리시어
상처만 키웠다네

마음밭에

꽃씨 뿌린 마음 밭에
잡초가 무성하네
뽑아내고
제초제를 뿌려도
면역이 생겨
완전 제거되지 않네
잡초 밀어내려
사철나무 심었는데도
잡초의 등살에
모서리로 밀리네

사랑이라 해도

아무리 넓고 깊은
사랑이라 해도
생활이 어려우면
금이 간단다
한번 금이 가면
땜질을 해도
원상 복구하기란
어려웁단다
인내도
한계에 다다르면
무너진단다

친구 사이에는

유년시절부터
기쁨 슬픔 같이하며
표정 눈길만으로도
서로의 마음
읽을 수 있는
친구 사이에는
건너야 할 내
가로막힌 벽 없단다
하루라도 보지 못하면
그 목소리라도 듣고 싶어
전화나 휴대폰에 손이 가는
마음과 마음 이어주는
보이지 않는 우정의 끈
세월의 무게 이겨내고
같이 쌓아가는
공든 탑이 된단다

국화분 하나

날마다
아침 일찍 일어나면
국화분 하나
제일 먼저 아침 인사
웃으며 하네
그가 보내 준 밝은 웃음에
화답을 하면
힘이 솟는지 생기 돋아
아름다운 모습
싱그러운 향기
보내주는 국화를 보며
사람들이 원하는
일생의 행복
자신의 주변
가장 가까이에 있음을
일깨워주네

억새의 노래

노을 길 나그네
갈 길은 먼데
어느덧
어둠이 깔리네
길가 억새가 불러준
이별 노래가
갈길 재촉하는
나그네 발목을 잡네

일상의 권태

잠시 생활의 짐
내려놓고
일상의 권태
훌훌 털고 일어서서
가뿐한 마음으로
여행길 떠나보라네
새로운 꿈을 안고
돌아올 수 있도록
새로운 출발선에
설 수 있도록

자유롭게 가는 길

그대 누군가가
길 동무 되어주기
바라지 말라하네
어차피 인생 길
외로운 길 아니던가
인생길 길동무
잠시 외로움
덜어줄지 몰라도
자유롭게 가는 길
걸림돌 될 수 있다는 것
알아두라 하네

별에게 물어보면

밤 하늘에
초롱초롱 빛나는 별
가슴에 담고
길을 걸으며
어떤 길 갈 것인가
별에게 물어보면
어느 때는 바른 길
안내해 주고
어느 때는
스스로 찾아보라
침묵을 하네

고독

어둠이 짙어지면
외출했던 고독
잊지 않고 찾아와
가슴열어 달라
노크를 하네
들어올 곳 아니라고
거부를 해도
어느 틈새 비집고
가슴으로 들어오네

검은 구름 한 점

눈부시게 파란
가을 하늘에
유일하게 떠 있는
검은 구름 한 점
흘러 갈 곳 어딘지
알지 못하고
바람 부는 방향따라
흘러간 구름
자신의 모습
보는 것 같아
눈길 돌렸으나
쓸쓸해지는 마음
지워지지 않네

무덤

사람들은 살아가며
몇 개의 무덤 파놓고
이 무덤 저 무덤
자유롭게 오가며
체험하다가
결국에는
나오지 못하는
무덤 하나 만드네

꿈에 본 영혼의 세계

어느 날 꿈에 본
영혼의 세계
어둠이 아니었다
수많은 별들이
은하수를 이루었고
눈앞에 전개된 정경
오색 찬란한 불빛들
신비롭고 황홀했다
이승에서 보지 못했던
새로운 세계였다
신비롭고 황홀했던
영혼의 세계
꿈에 보게 된
이후부터는
언제 다가올지
모르는 죽음도
두렵지 않게 되었다

제4부

풀꽃의 꿈

이른 봄이면

산과 들 바다
어데를 가나
온 누리에 퍼져가는
봄 노래 불러주네
그 노래 들려오면
가슴 열리고
마음 밭에선
봄꽃이 피어나네

봄은

낯선 주변 전경
신비로운 듯
이곳저곳 둘러보며
아장아장 걸어오네
아가의 재롱
해 맑은 웃음으로
보는 이 누구에게나
새로운 희망
행복 전하네

꽃송이

아직 피어나지 않는 꿈
앞으로 피어날
가장 아름다운 꿈이다
보는 이의 가슴도
꿈에 부풀고
기대와 희망
한 평생 행복하게
살아갈 수 있는
힘의 원천이 된다

매화

이른 봄이면
사람들의 가슴에서
사랑받는 꽃으로
제일 먼저 피어나네
사랑의 자리
고고한 선비 정신
맑은 향기로
굳굳하게 지켜가네

풀꽃의 꿈

장미 꽃 화려한 꿈
꾸지 못하고
숲 그늘에 가려
봄날의 햇빛
받지 못해도
가슴에 키워 온 고운 꿈
꽃을 피우면
자신이 이룬 작은 성공
큰 기쁨이 된단다

맑은 노래가

긴 겨울잠에서 깨어난
시냇물이 불러 준
맑은 노래가
봄을 알리면
사람들도
무거워진 몸
훌훌 털고 일어서서
파릇파릇 돋아나는
봄날의 새싹처럼
새로운 꿈 펼치네

장미꽃 가시

자신의 가슴에
장미의 아름다움
목련의 향기 담고
살아가고 있다고
착각하는 사람들
가슴에 담겨 있던
그 아름다운 향기
어느 날 불어오는
바람결에 씻겨가고
자신도 모르는
장미꽃 가시
자라고 있다는 것
잊고 살아가네

걸림돌

길 떠나야 할 나그네
등에 진 짐 너무 많아
일어서지 못하네
등에 진 무거운 짐
나그네 길 가로막네
인생길 많은 짐
걸림 돌 된다는 걸
사람들은 모르네

아버지의 짐

아들은 아버지
짐이 되었다
아들로 태어나
아버지 가슴
넓이 깊이 알지 못했다
생활의 짐
그 무게를 알지 못했다
날마다 밖에서 부딪치는
마찰의 아픔
가족 생계 위해
노동현장에서
겪어야 했던
정신적 육체적 고통
알지 못했다

호숫가에서

호수 찾은 사람들
맑은 호수 보면서
감탄을 하네
흐를 곳 찾지 못해
갇혀 있는 물
생명 없는 물임을
알지 못하네
물의 생명 끝없는 흐름
맑은 노래 부르며
떠나는 여행이라네

허수아비

추수 끝난 들녘에
홀로 서 있는
허수아비를 본다
노을 빛 석양에
추수 끝난 들녘
홀로 걷고 있는
자신을 본다

어느 가을날의 석양

아침 해 중천에
떠올랐을 때
집을 나서도
갈 곳도 오라는 곳도
반겨주는 이도
없다는 할아버지
할아버지 젊은 시절
혼란스러웠던 사회상
나라살림 어려워
일한 만큼의 대우
받지 못해
아들 딸 커가는 보람
가장으로서의 책임 의무
할 수 있다는 기쁨으로
열심히 일 해 오다
직장에서 물러나니
노후대책 하지 못한 설움
톡톡히 받는다는
할아버지 하소연 듣던
어느 가을날의 석양

남아 있는 흔적

세상의 오염물질
가슴 검게 물들이네
맑은 생수로
씻어내고
씻어내도
남아있는 삶의 얼룩
지워지지 않네

친구 조문

아무 말도
할 수 없었네
아무 소리도
들리지 않았네
무거운 침묵만
흐르고 있었네
바람 불지 않는 데도
영정 앞 촛불 흐느끼듯
흔들리고 있었네

고개마루에서

앞만 보고 숨가쁘게
달려온 인생길
이제 고개마루에 서서
깊은 호흡 가다듬고
지나온 길
되돌아 보네
굽이굽이 돌아온 길
멀리 보이네
지금까지 어떻게 그 길 돌아
여기까지 왔는지
아득하게 느껴지네
이제 다시 출발선에 서서
앞으로 가야할 인생길
삶의 길이를 보네

무언의 항변

명절이나 회식시
자신의 욕구
절제하지 못하고
먹고 마시는 즐거움에
흠뻑 빠져서
과음 과식 할 때면
위가 무언의 항변으로
자신의 해야 할 일
게을리 하여
소화불량 일으키고
과격한 운동으로
통증을 주면서
자신의 즐거움
찾기 위해서
상대 괴롭히면
아니 된다며
경고를 보내네

가을 잎새 1

노을빛 아름다움
가슴을 물들이네
옛 추억 그리움을
가슴에 새기네
새록새록 솟아난 정
사랑으로 쌓이네
묵은 정 고운 정
새로움을 더하네

가을 잎새 2

가을 잎새가
떠날 준비를 하네
떠나기 전
못다 한 이야기
밤을 지새며
정을 나누네
어느 때 떠난다 해도
미련 없도록

인생길 1

출발 전에는
인생길 어떤 길인지
알지 못했네
험난한 길은 길고
평탄한 길은
짧다는 것을…

인생길 2

그리움도
아쉬움도 한도
많았던 인생살이
하나하나 잊으면서
생활의 짐 내려놓고
몸무게 마음의 무게
조금씩 덜어내면
가뿐해진
몸과 마음으로
평온하고 여유롭게
살아갈 수 있다며
인생살이
끊임없는 노력이라네

제5부

어느 날 문득

봄날의 들녘

종달이가 노래하는
봄날의 들녘에서
봄나물의 향기
여심女心을 유혹하면
흔들리는 마음
집에 있지 못하고
바구니 들고
들로 나간 여인들
가족들 위해
봄 향기 행복
바구니 가득 담아오네

꽃은

이른 아침 해님과
입맞춤 하고
지나가는 바람에게
향기 전하며
날마다 마주하는
사람들에게
꽃 닮은 마음으로
살아가라며
가슴에 웃음 향기
담아 보내네

봄비

잔잔하게 흐르는
가야금 산조다
그 연주곡 듣고
귀 열고 눈 뜬 새싹들
낯선 주변 정경
신비로운 듯
초롱초롱 그 눈빛
더욱 빛나네

유채꽃

봄을 알리는
노란 깃발로
사람들의 마음
흔들어 놓으면
사람들은
새로워진 마음으로
정신 가다듬고
씨앗 뿌려 가꿀 터전
새봄 맞이 준비를 하네

꽃이 전한 사랑

사람들의 가슴에
불을 밝히고
사랑 전하는 데도
사랑임을 모르고
살아가던 사람들
오랜 세월 흐른 후에야
꽃이 전하는 사랑의 미
깨닫게 되네

보람 행복도

자신에게 주어진
책임 의무 다하고
풀꽃 같은 작은 꿈
피어났을 때
큰 기쁨 되는
보람 행복도
작은 것으로부터
시작되고
열매 맺게 된다는 것
알게 된단다

봉선화

여인의 가슴에서
솟아나는 정
전한 사랑이라네
행복에 겨워 흘리는
여인의 눈물이라네

어느 날 문득

근심 걱정 몰랐던
철없던 때가
좋을 때였는데도
좋은 줄 몰랐으며
젊음이 인생
꽃이었는데
꽃임을 모르고
지나쳤다가
어느 날 문득
정신 가다듬고
무엇 하나 붙잡으려
노력했을 땐
지나가는 속도
너무도 빨라
손에 잡히는 것
아무것도 없었네

꽃비

꽃의 아름다움
눈부신 고운 빛깔
보고 있다가
시기심 질투심으로
고운 빛깔 지우고
꽃들의 눈물
보고 난 후에야
길을 떠나네

공든 탑

오랜 세월 쌓아 온 공든 탑
와르르 무너지는 소리
이곳저곳에서 들려오네
사랑 정성 쌓아온 공든 탑
철저한 보존관리
필요함에도
스스로 무너트리는 사람
늘어만 가네

쑥을 뽑으며

이승에서의 시름
털어내지 못한
때문이신지
봄이면
어머님 산소에
돋아나는 쑥
매년 봄이면
어머님 산소 찾아
뽑아낼 때면
떠오르는 어머니 모습
안타까운 마음에
맺히는 이슬

들국화

서리를 머금어
향기 만들고
서리 이겨낸 기쁨
꽃을 피우네
어떤 어려움도
굳굳하게 이겨내고
노력한 결과로
꿈을 이루네

강심江心

사람의 마음으로
어찌 깊은 강심江心
헤아릴 수 있겠는가
세월의 무게에 짓눌려
생활해 본 후에야
깊어져 가는
사람의 마음으로
조금씩 알아가네

가을 바람

바람이 지나가며
가을 옷 갈아입은
잎새를 흔든다
어지러우니
흔들지 말라해도
계속 흔든다
누가 이기는가
끝까지 해보자며
바람이 깔깔대며
흔들어댄다

구절초

굽이굽이 험난한 길
돌아오면서
얼룩진 마음
마디마디 맺힌 한
지난날의 외로움
털어내고 일어서서
새로운 모습으로
다시 태어난
구절초 보는 마음
힘을 얻는다

나그네 고향길

냇물의 맑은 노래
찔레꽃 향기
나그네 고향 길
즐거움을 더하네
어머니의 숨결
사랑으로 전이되고
산수화 고향풍경
그리움을 새기네

긴긴 사연

봄부터 가을까지
산과 들에 피어난 꽃들
가슴에 담고 있던
각각 다른 긴긴 사연
향기로 풀어내네
꽃 찾아간 사람들은
사연 따라 색상 향기
다름을 알지 못하네

첫눈

눈이 눈이 내리네
너와 나의 가슴에
사랑으로 내리네
너와 나 모두를
하나 되게 해주네
가슴에 쌓였던 한도
말끔히 풀어주고
사람들의 가슴에
행복 전하네

눈 편지

하나님이 편지를 쓰네
긴긴 사연 풀어내려
편지를 쓰네
하나님이 전한
편지 받은 사람들
그 편지 읽을 때
온몸으로 번져오는
사랑의 온기

제6부

고독의 실타래

봄 오기 전에

동장군 매서운 칼날
두렵지도 않은지
산과 들의 풀과 나무
달려오는 동장군 앞에
당당히 서서
최후의 승자
그 누가 될지
겨루어 보자하네

동백

사랑과 정성으로
꽃을 피우고
미움도 사랑으로
승화시키네
연연한 정
풀어내지 못하고
가슴 태우네
시간이 흐를수록
타오르는 불꽃의 농도
더욱 짙어가네

자운영

밤하늘의 별들이
지상으로 내려와
꽃밭을 만들었네
별꽃 송이송이
보석으로 빛나네
사람들의 어두운 마음
환하게 밝히네

가슴에선

가슴에선 사계절
푸른 꿈이 자란다
무럭무럭 자라서
꽃을 피운다
가슴에 항상
불을 지핀다
활활 타올라
따뜻해지면
외로운 길손 찾아들어
쉬어 갈 수 있도록
가슴에 쉼없이
깊은 샘을 판다
어느 때나 갈증나면
솟아나는 맑은 생수
떠 마실 수 있도록

들꽃 1

날마다 오가는
산책길 옆에
외롭게 피어난
들꽃의 무리
어느 날 보이지 않아
가까이 가보니
이슬이 고여 있네
그 이슬 보는 순간
가슴이 찡해 오네

들꽃 2

숨가쁘게 달려가는
시대의 흐름속에
길을 가다가
들꽃의 무리
아름다움에 끌려
눈길 발길 멈춘
그대 마음은
이미 천사다
들꽃의 무리
사랑할 줄 아는
그대의 마음은
이미 천사다

삶의 수수께끼

우리네 삶은
풀리지 않는
수수께끼
풀릴 듯 풀릴 듯
풀리지 않는
수수께끼
하나하나 풀어가며
살아가는 즐거움이다

흙의 신음소리

해마다
수십 만 평의 땅에
공장 아파트 공사를 하며
시멘트로 흙을 덮어
흙의 숨통을 막아
흙을 죽이고도
죽인 줄 모르고
살아가는 사람들
농사 짓는 땅에도
과수원에도
살충제 제초제 화학 비료
과다 사용으로
흙 죽어가는 데도
미래 생각지 않고
목전의 이익 앞에
눈먼 사람들
흙의 신음소리
듣지 못하네

첫눈

매년 내리는 첫눈
다음해 풍년
기약해 주는
희망이 된다
지난 날 쌓였던
삶의 응어리도
말끔히 풀어주고
싸늘하게 식은 가슴
포근하게 감싸주네

고독의 실타래

우리네 삶속에
깊이 파고드는
고독의 실타래
누군가가 풀어주길
바라지 말라 하네
오랜 삶의 체험을 통해
스스로 푸는 능력
기르기까지
기다림의 시간
필요하다는 충고
잊지 말라하네

그대 외로움

안개로 깔려 있는
그대의 외로움
누가 풀어주던가
풀어주기 바라면
더 외로워지네
스스로 풀어내는 연습
끊임없이 하라하네

바람도

지나가는 바람도
사람 알아 보는가
젊었을 땐
흔들어 보아도
움직이지 않는다는 것
알고 있었는지
비껴가던 바람도
이제는
주저없이 달려들어
흔들어 보네

어느덧 세월 흘러

아내가 나에게
사랑이란 이름으로
한 평생 살았으나
현실에 발목 잡혀
자신을 돌볼 여유
찾을 수 없었다네
어려웠던 현실
이겨내기 위해
앞만 보고 달려왔던
지난 날의 삶의 고뇌
씻어낼 사이 없이
어느덧 세월 흘러
노을 길 걷고 있는
자신의 모습
초라해 보인다네

나이 들어 가면서는

젊어선 오직
자신만의 행복
추구하며 살아왔다면
나이 들어가면서는
아름다운 마무리
행복한 삶 가꾸어가며
존경받는 어른으로
살아가고 싶다면
자신이 가진 사랑 행복
어려운 이웃과
나눌 줄 아는 사람으로
살아가라 하네

삶의 끝자락

삶의 끝자락 어떤 정의
내린다 해도
그 끝은
無다
0이다
空이다
虛다

독백 26

버릴 줄 알고
잊을 줄 아는 사람만이
행복해질 수 있지
인간이 왔던 길도
가야할 길도
혼자임을 깨닫게
되는 날부터
잠복해 있던 외로움
줄어들기 시작하지
그대
생각해 본 일 있는가
그대
이승 떠나는 날
묘지까지
전송해줄 친구
그 몇일까를…
마음의 뿌리
깊이 내리게
세속世俗의 바람에

흔들린다면
아무것도
이룩할 수 없을테니
가장 가까운 사람들이
자신의 진실
이해하지 못할 때
삶은 무의미해진다

독백 27

그대 사소한
이해 관계로
아웅다웅 하지 말고
큰 도량 보여주라네
시간 지나면 상대방도
깨달은 바 있을 테니
어떤 일 처리 할 때
성급하게 하려 말고
여유롭게
기다릴 줄 아는 지혜
가꾸어 가라 하네
오랜 비바람
이겨낸 나무가
땅속 깊이 뿌리내리듯
부부간의 사랑도
인간의 크고 작은 시련
이겨낸 후에야
아름다운 사랑 꽃
피워낼 수 있다네

독백 28

인간은
어떤 눈眼
마음 갖고
살아가느냐에 따라
幸不幸 달라진다
진정으로
사회社會를 위해
봉사하려 하는 사람은
어떤 감투도
쓰려 않는다
몸, 무거워져도
마음 무너지지 않으나
마음 무거워지면
몸은 쉽사리
무너지고 만다
그대 언제까지나
한자리에 머물려 말고
떠날 줄도
알아야 하네

독백 29

그대 거울에 비추인
다른 사람의
삶의 모습
다른 사람의 거울에 비추인
그대의
삶의 모습 보면서
삶의 참모습
찾아 보게나
내몸에서
떨어져 나간
생활生活의 잎새
모아 태우니
고독의 냄새
연기로 흩어지네
어머니의 가슴은
드넓은 바다
사계四季 중 어느 하루도
크고 작은 파도
일지 않는 날 없지

다른 사람의 허물
용서 할 줄 알게
아무리 현명한
사람이라 해도
어리석음 범하는 게
인간 아니던가

독백 30

그대 살아가며
크고 많은 것만
취하려 말게
우리 주변 살펴보면
작고 적어도
값지고 소중한 것
많이 있다는 것
깨달을 수 있을 테니
목적지 빨리 도달하려
과속으로 달리려 말고
간혹 찔레꽃 코스모스
들국화 피어있는
시골길도 다녀보게
새롭고 신선한
삶의 활력소
찾을 수 있을 테니

가슴에 묻어두고

이근풍 시집

발 행 일 | 2012년 2월 20일
지 은 이 | 이근풍
발 행 인 | 李憲錫
발 행 처 | 오늘의문학사
출판등록 | 제55호(1993년 6월 23일)

주　　소 | 대전광역시 동구 삼성1동 125-6 한밭오피스텔 401호
전화번호 | (042)624-2980
팩시밀리 | (042)628-2983
홈페이지 | http://www.lito77.co.kr(홈페이지)
전자우편 | hs2980@hanmail.net

공 급 처 | 한국출판협동조합
주문전화 | (070)7119-1741~2
팩시밀리 | (031)944-8234~6

ISBN 978-89-5669-481-8
값 8,000원